AF449592

INVIERNO EN EL DIQUE DE LAS ALMAS

INVIERNO EN EL DIQUE DE LAS ALMAS

Poesía cosmogónica, folklórica y mística

Isbel Hernández Monteagudo

OXEDA

Primera edición, agosto de 2023

@ *Invierno en el dique de las almas: Poesía cosmogónica, folklórica y mística*
Isbel Hernández Monteagudo

EDITORIAL OXEDA S.A.S. DE C.V.
Vicente Guerrero No 21, Poxtla,
Ayapango, Estado de México, MX
Teléfono: +52 5540586552
oxedacontacto@gmail.com
www.oxeda.com.mx

ISBN-13: 978-607-59743-5-4

Hecho en México
Bajo el modelo de Impresión bajo demanda (POD)

@ Editor literario: Antonio Ojeda
@ Pintura en la portada y primera página: Marvelys Marrero
@ Prólogo: Bertha Caluff
@ Fotografía de la autora: Isbel Hernández Monteagudo

***

1. Poesía cubana 2. Poesía latinoamericana

Isbel Hernández
y el Invierno en el dique de las almas

No puedo (ni quiero) escribir una valoración ensayística de este libro de poesía. Demasiado cerca estoy de la trayectoria profesional de su autora. La conozco, somos del gremio. Pero incluso de antes. He visto surgir a esa espiguita morena que ya maduró y está fructificando. Ella es así, dentro del gran conglomerado, humilde y singular. Un poco y sin saberlo he sido su mentora. Al menos, alguien contribuyente de sus mayores, de los poetas de la ciudad.

En realidad la poesía no debiera de dividirse o desmembrarse. Es una. Toda. En "... el dique de las almas " existe una intención de título para categorizar, y así condicionar al lector, que va a dar con un contenido cósmico (ontológico- cosmogónico,) místico y folklórico. Todo esto que viene, a través del tiempo y la creación poética universal de casi todas las culturas, desde la escrita por los pueblos antiguos que nos legaron desde Mesopotamia, madre de tanto en la humanidad, Grecia, y la América precolombina. Cuánto la posmodernidad retomó y renovó lo cosmogónico como temática en la poesía, que atravesó la obra de autores como Edgar Allan Poe, por nombrar alguno, hasta llegar a Octavio Paz y desperdigarse en tantos otros que siguieron esa "corriente" temática que ha estado de moda y es vigente ahora. Mesoamérica nos influye más cercanamente. Octavio es un paradigma. También en otros magisterios como el haiku en español. Sentó "escuela" ese grande de México, donde hay una cultura originaria que no tenemos propiamente aquí. Una fuerte raíz folclórica que es ancestral también y muy arraigada y característica. Allí Fredo Álvarez de la Canal fundó el siglo pasado, el Frente de Reafirmación Hispanista, que promovía y divulgaba mucho de lo que no llegaba, por sus propios medios, a realizarse. Él mismo antologó un volumen, o varios, de lo que llamó "poesía cósmica". Es por ahí que yo vengo escuchando ese término, pues no en nuestro país se cataloga alguna -o ninguna poesía. Más allá de la "pura" de Mariano Brull y "negra" o "negrista" de los pos-vanguardistas cubanos de los años 30 en adelante del pasado siglo, no tengo noción de otra manera de nombrar o catalogar temáticamente la obra poética nacional. El folclorismo se asoma también por esos años en Cuba, más bien referente a lo derivado de la cultura afrocubana.

Así que esta "niña" nuestra villaclareña, cercana más bien a la cultura azucarera supongo, que ha bebido de muchas fuentes literarias y crecido conforme a la tradición domestico- cristiana, se propone y nos impone su poesía folclórica, a sabiendas de ese engranaje mundial de los movimientos poéticos que redimen elementos de las culturas originarias como una moda o remedo de la tradición de los más olvidados.

Y para colmo, tal y como es ella, multifacética y plural, instructora de música, rasga su guitarra y entona salmodias que no llegan a canciones al estilo aeda, poeta que canta con lira. Su intento de canto deriva de un punto poético, raíz del alma, o esencia leve que va de un suceso hasta la ficción.

Esperaría el escéptico, tras el título y subtitulo del libro, hallar el ridículo o algo así, pero existe en Isbel una voz poética singular y bien estructurada que no da lugar a eso. Se entremezclan las temáticas y así no hay monotonía en sus largas anáforas, sus extensos versos, todo va en ajuste y consonancia. Su raíz afro, las otras raíces ancestrales de diversas culturas también India, Tíbet, Asia, Mesoamérica -de lo que estamos amalgamados-. Fluyen sus versos a pesar de la salmodia de origen bíblico, el versículo de los escritos sagrados cristianos, que puede ser elíptico, mareante, pero en la poesía de esta autora corre cual el agua de los manantiales.

Incluye todo o casi todo esta poética. Y a la vez no deja el pie afuera de lo contemporáneo. Líricamente, porque es fuerte esta característica aquí. Referencias literarias hay, como a la obra de Sor Juana Inés de la Cruz, barroca mexicana, y el amor a. Dios es recurrente. Y la figura de Jesús, que es incluida con mucha lucidez. Como afirmo, se entremezcla todo, y el resultado es bien interesante.

Así en el poema V (p. 19), se insertan versos en inglés, aunque la autora no revela la fuente de donde provienen. En "Fotógrafa de indígenas" menciona a Tina Modotti. "Una bendita resurrección" asume distintas extrapolaciones, se menciona lo mismo a una diosa hindú que hace una referencia griega en la palabra Egea, que se nombra al Caribe (p. 22).

Como no deja afuera temáticas actuales, situaciones mundiales como la guerra, el elemento muerte y desolación que devienen de ella, así que leerlo nos pone de nuevo en la realidad. Como se expresa en el poema III de la página 17. "Gaza", "Tel Aviv" , "franja de Gaza". Se toca la realidad temporal otra vez. La obsesión por evocar el conflicto palestino-israelí lo hallamos en varios textos de este libro.

Tres secciones lo dividen: Cementerios de América, Cultura Neolítica y Chica de Armenia; sin embargo se insinúan poemas independientes de las enumeraciones. La del centro, ocupa un espacio en la cultura precolombina que devela una gran cercanía emocional a lo latinoamericano. Pero no es todo lo que ocupa la sección. También las temáticas fluctúan, y reaparece la referencia bíblica, las advocaciones a Jesús. En "Lamento de Sor Inés", hay un diálogo interesante con la monja, se le advoca, humaniza y personaliza en asociación con elementos que refieren a la India. Es como una reminiscencia de la Santa de Calcuta sobrepuesta a la monja poeta. Y se inserta a manera de anáfora, una frase casi lunática ("cielo bajequetebaje") que le infiere ese toque tan "isbeliano" logrado a partir de repeticiones intencionales. Y referido a elementos del habla popular, de ahí lo folklórico también.

Otro elemento a tener en cuenta es el sujeto lírico, siempre, al menos yo, se siente la marca de género, se puede afirmar que existe una intención feminista a lo largo del discurso en este volumen. Aunque hay referencias masculinas, son las mínimas. La mujer es figura centrada y entronizado. Un solo poema tiene connotación lésbica, a mi modo de ver, el más sentido de todos. "Poema de la mujer que ama a otra mujer "(p.25) . Pertenece a la primera parte del libro. Destila dolor, y está escrito de forma magistral para expresar la carga emotiva del tema que parte del centro de la familia y la ruptura dolorosa de los patrones judeocristianos heteros. Luego de quedar clara la asunción homo por parte del sujeto lírico femenino, se describe socialmente la repercusión del conflicto y la realidad asumida desprejuiciada y naturalmente, a pesar de la incomprensión que genera.

La última sección tiene la peculiaridad del empleo de la anáfora constantemente, a modo de reiteración de la última frase del verso, así como asociaciones absurdas que logran un efecto interesante. Los poemas están numerados en romano, como la sección inicial. Es una lógica también interesante. Por qué Armenia, no lo precisa, y hay una tercera persona que "narra" el poema. Se nombran prendas femeninas para construir el poema, si, prendas y construcción, porque van hilando una descabellada ascensión o constructo-deconstructo, dependiendo de la visión del lector, de cómo lo siente cada cual. En la generación poética de Isbel, es común cierta experimentación por esa índole con el lenguaje y recursos expresivos. La pertenencia a "La estrella en germen" por parte de la autora, nos asegura esta clase de sorpresas. Es un grupo poético que comenzó en Santa Clara integrado por la joven cantera de la poesía de una ciudad que mantiene un amplio conglomerado autoral de diversas edades y tendencias, pero bien definido. Liderado por el poeta y filólogo Sergio García Zamora, precoz y visionario en su decisión, los fue formando y agrupando. Pocas féminas lo integran, es una de ellas. "Chica de Armenia" amplía la coral de referentes que tiene este libro singular: Europa, para no dejar fuera esa procedencia de la que se desciende también, y asciende, en cuanto referentes literarios (Lorca). Dar un ambiente que incluya al Viejo Continente . Es una sección muy breve.

La preocupación expresa por el alma, la esencia espiritual del ser, es lo que centra "Invierno en el dique de las almas". Pero en medio del mundo y la corporeidad. Y una especie de sabiduría ancestral y mística es como el hilo conductor que va bordando poema tras poema.

BERTHA CALUFF
Miembro de la Unión de escritores y artistas de Cuba.

Cementerios de América

I

Busca mi ser los cementerios
de América
para reposar en ellos.
(Talita cumi) dijo Jesús:
niña levántate.
El cementerio de Baltimore,
Maryland.
Leegsburg.
Balls Bluff.
Teopeyac, el número uno.
El cuerpo de la tierra.

II

Porque también en mí hay ciudades
de muertos,
más que de vivos.
La gente cree demasiado
en el dolor.
Los mausoleos se elevan.
Cementerios privados
donde se aloja el fémur
de la diosa que llora
por su ciudad,
por su lengua,
por sus ojos.
La gran nave de su cuerpo.

III

Lloro la desidia de aquellos refugios
que no son refugios.
Serranía entera de pastores
de la carroña.
¡Odio por los refugiados!
Refugiados de guerra...
¡Franja de Gaza!
¡Tel Aviv!
¡Tel Aviv!
Recuerdo el himno nacional
de Maryland,
escultor del espacio,
entierro nocturnal,
sacrificio sin salida,
comunidad santa.

IV

Pienso en la bóveda
y en los abovedados;
siento los chips del otoño,
esa fuerza legal
de Cristos alucinantes.
Agua del alma animal
de los antiguos.
Pienso en ti,
oh, rosa de Pascua,
flor de Pascua del cementerio;
oh, rosa de los pueblos;
oh, flor de los espíritus.

V

Someone is craying
For him is coming.
El llanto de nuestra vida
es el panteón del aire,
hierro fundido en las plazas,
my mother is craying,
someone is craying,
Dragones, alucinando batallas.

FOTÓGRAFA DE INDÍGENAS

Tina Modotti, te nombro,
ya que no puedes estar bajo la tierra,
ya que vienes con otros aires
y has salido a caminar
por tu ciudad de infante.
Pequeña ciudad de fábricas textiles.
Palpando la seda de tu bufanda,
sigues las huella de tu padre
como cualquier niña,
y besas a tu padre como cualquier huérfana.
Y te vas del lado de tu madre
a ser actriz en Hollywood,
a conocer a Weston.
Y tu madre te deja bañar desnuda en la azotea
y desnuda te deja volver a su vientre,
por pudor.
¡Tina Modotti, te nombro!
Ya que no soportas el lloro por tu muerte,
el luto por tu partida
hace ya setentainueve años.
Ya que sales a las ocho en punto de tu casa,
a reír en la mesa de los bohemios,
y les haces fotos a los indígenas
de cuello y de corbata.
¡Ya que tu patria orgásmica

es el orgasmo de los vivos!
Y el lente de tu cámara
no deja de captar las cananas
y mazorcas mexicanas
que simbolizan la guerra y la libertad.

UNA BENDITA RESURRECCIÓN

Tú eres resurrección,
una bendita resurrección,
espadas de sal
donde la parca
ha ido a transmutarse.
¡Ah, la parca, la parca!
Tú eres resurrección
de veras, quiero estar cerca
de la ventana Egea,
contigo se transmuta
el funeral de los días
de los veranos apacibles.
¡Algo místico sucede
más allá del Caribe y de sus almas!
Soy hueca como un glaciar
a tu lado.
Tú solo ves al rinoceronte...
De veras quiero estar cerca
de tu ventana siria,
justo a la hora en que los
buzos bajan al fondo del mar
y escogen la hora de la partida
que desconoce
el *pluriamor* y los puritanos
de los barrios macedonios.

Tú eres la hoja
de la espiga resucitada
y eso hace que clame
sin que me oigan.
Aquí no hay rubí sino escasos rubíes.
Siempre ha sido curioso
que seas menos virgen
y más virgen como la virgen hindú
o la virgen Devaki.
Esa madonna cambió
los vapores idílicos de sus pies
por un mar profundo,
olvidadizo,
que no posee mejillas
ni caracolas, ni peces,
ni vergüenza de vivir
en toda materia,
en toda carne u holocausto,
en todas las chiringas, las mamparas.
Me quedo con ganas de vivir
a tu lado.
Tú eres resurrección.
¿Cuánto hay del mar azul
en este mundo sin tus ojos
de amuleto blanco?
Preguntan mis amigos
macedonios.

Cuánto quisiera
yo tener un rosario
o uno y otro farol
colgante de tu pecho marginal
contra la muerte.
Pero aún estoy llenita de collares,
y sigo respirando como los monos,
y sigo descascarando
frutas y platanitos
sobre la ruina de los hombres.
Quiero un poema
donde al menos
yo viva y tú no respondas.
Quiero una cueva
¡Para tu garganta!
¡Para tu garganta!

LOS ELEFANTES DIURNOS

Mueren los elefantes diurnos.
Callan sus sueños de animales sagrados
ante los niños.
Tal vez nunca habían escuchado al bosque.
Ni el latir de una hoja bajo la lluvia
donde reposan hormigas.
Mueren los elefantes diurnos.
Qué pena que nos hagan tanta falta
los dioses hindúes.
Pero ya no son los dioses
los que amamantan.
Sino nosotros los impuros.

MAPUCHE CÓSMICO

Tú soplas
un vientecillo chileno
y franciscano dentro de mí,
cuando hay arboledas de otro color.
Aura de los pueblos,
de los pueblos,
de los pueblos.

Mapuche cósmico,
tú soplas un vientecillo chileno...
no hay una tierra suicida,
la gente muere sin Dios,
sin palabra. La luz se apaga
y los quinqués y los cocuyos
son los seres ardidos
por el fuego.

No hay tierra
para tu ángel natal,
química del bronce,
fantasmas de plata,
rosarios.

Se te evoca San Francisco,
Los metros llenos de bulerías,

los trenes llenos de opio.
las vendedoras de frutas.

Ya alguien dirá
que puedes tú resucitarme
sin el permiso divino,
sin el silencio de un globo.

Aromas de una monja

Beso los aromas de las reses,
para mirar a Sor Juana,
esa mujer desnuda
que nos habla del Señor.

En la fatiga pueblerina
de sus eternos
y desajustados miedos,
uno a uno,
varios hijos
recuerdan a sus padres.

Quiero, Sor Juana,
tu gran maternidad.
Bajo a los pisos
humanos.

¿De quién es la prisa
sino del que piensa
que está levitando
como un Dios bajito?

La fatiga pueblerina de
de sus eternos
y desajustados miedos
no me la dejan ver.

Está muy bajito
el dedo que asciende.

Yo quiero verla
en el calostro
anunciado por el ángel.

Tan sólo desde afuera,
como un ángel,
o una columna en pie.

¡Ah, Sor Juana!
Cortada en pedacitos
nuestra lengua es deliciosa.
¡Angélica!
¡Ambiciosa!

¡Aroma de las reses,
aroma de las reses
preferidas del Señor!

TREINTA AÑOS

Ahora tengo treinta años y no recuerdo mi infancia.
Aquel tiempo en el que comí durazno.
Aquel tiempo en el que siempre tuve abuelos
memorables como ahora.
Ahora tengo treinta años y no recuerdo mi infancia.
Las campanadas de la memoria suenan así.
 Los años caen de címbalo en címbalo.
Pero algunos faroles encienden y lastiman.
Levantan muros donde es libre el viento.
Aún quiero recordar los días de mi inocencia,
porque solo así el viento será libre.
Ay madre, ¿tú recuerdas acaso tu luna de miel?
El estanque griego de los quesos y los vinos.
Ay padre, ¿tu recuerdas la mujer que encabezaba
la lista de los dragones
que te hacían murmurar entre las llamas
de la pasión?
¡Ay, Cristo! Recuérdame.

Me dieron la vida
un varón llamado padre,
una hembra llamada madre.
Nací de quién dijo:
gracias Dios mío.
Gracias por esta niña
que niña nos nació.
Ella es ahora la reina
pequeña de la casa.
Gracias, gracias....
Y aceptaron entonces
las galleticas dulces
que los años guardan
en estuches perfectos
para gente agradecida.
Y los vecinos tejieron
edredones sin agujas
que pinchan los dedos
de los infantes.
Y dieron gracias otra vez,
siete días a la semana,
una plegaria por noche.
Y mucha, mucha alegría.
Luego crearon su propia especie.
Luego hicieron su ritual

y se amaron en la cama
y en el viento.
Y nacieron mis hermanos.
Una especie diferente.
Entonces me miraron
 y preguntaron
¿por qué dudas de tu especie?
Y entonces esa tarde
comprendí,
que me dieron la vida
pero no la libertad, ni la broma.
Y me dieron también
una pequeña señal
de las vidas de los otros,
de las ideas de los otros,
de los sueños
y de los otros que viven
en otros mundos.
Y como seres ansiosos
que preguntan y preguntan....
cuando una se hace mujer en la humanidad;
bajaron a mis caderas
y vieron mi sexo,
mi cabeza calva,
mi pequeña cicatriz.
Y quisieron devolverme
al vientre de mi madre,

al semen de mi padre,
los benditos aguaceros
que rodeaban nuestra casa
de vecinos que aman
a las pequeñas reinas.
Y entonces dije
para evitar ser otra:
perdón yo soy esta mujer.
Y una mujer puede amar
tiernamente a las ovejas...
Perdón, yo soy esta mujer.
Y una mujer puede amar
tiernamente otra mujer.

DELANTE DE CADA BRISA TU RÍO

Delante de cada brisa
hay una imagen
subiendo.
Estoy por creer
en lo que creo,
y al mismo tiempo
tus ojos tostados
como el maní sienten,
pero no sienten.
Tú me dices: ¿por qué,
por qué habría de creerlo
o de sentirlo?
¿Soy tu amada
en la orilla?
Desde
un sepulcro gitano
entierro arenas de piedra,
gargantas de piedra
y de flores
que ya no usan los muertos.
Tú duermes a mi lado
como en los manantiales
saturados de tu olor.
Pero no siempre cenas junto a mí
el pan de la vida.

Tú amas la masa de pan.
Tú no prendes
el horno ancestral.
Yo no iré para hundirme
en botes
tostados como el maní.
Yo te traje a mi canasta
romana.
Y a mis alforjas de coco
de las playas de Cancún.
Delante de cada brisa
hay una imagen subiendo.
Sube la cresta de gallo
de la virgen de Guadalupe
y doblegada anuncia
la quietud que perdió
el toromaima y la uva...
Ven y corre
dentro de mí
libertinamente libre.
¡Mi corazón es impune
cuando salta!

Pueden crecerme los ríos,
donde no crecen
tus noches.

Ha muerto Samuel.
Mataron a un niño que jugaba a solas con Ginsberg;
 con su aullido.
Desconocer a su generación;
hubiese sido un milagro.
No una tragedia.
Bajo la lluvia de palos secos,
venimos de hacer nada.
Venimos de sentarnos o de caminar
en círculos bajo la sombra de sombras.
Bajo la Yagruma.
Todo parece ser que es un árbol
de sombras que se duermen
y soles que perduran al perforar
en nombre de la muerte la vida de Samuel.
Nos llega la noticia de que molieron sus partes;
lo volaron sobre el aire.
Como si aún hasta las vacas lo mirasen
con codicia desde un silencio mortal.
Por eso escribo sin miedo que España
se quite sus pantalones.
Que se los quita en plena oscuridad.
Para ver sus genitales con una lupa.
Yo también tengo genitales.
Se ha de ver qué sexo.

Si uno es hombre o mujer.

O si uno es un pedazo de carne enrojecida.

Roja del deseo con que las vacas codician

y matan a los toros allá en La plaza Mayor;

dónde mueren los toros débiles.

O como algo que es sobra de alguna remesa.

Yo también tengo genitales.

También a mí me molerán a palos.

Tendrán que verme la cara.

Una pierna cortada. Un ojo con úlcera.

Y escribirán mi único nombre: *Isbel*.

No importa si me llaman Samuel.

A sabiendas de Ginsberg quien lee y leía

sus poemas en la cárcel.

Tras barrotes

Su aullido limpiaba tanto humo a mis pulmones.

Tanto aire. Sé que también llegará mi hora.

Como llegó su hora. En cuatro paredes

a la intemperie. A todos nos persiguen

dentro de una cárcel; se meten en las medallas

de plata que cuelgan de nuestros pechos.

En el óxido de las cadenas que nos amparan

de otros sitios.

En el humo que fumamos allá

en las prisiones de todos.

Nos deben toda una gloria de palos.

Matan al que sabe ponerse en pie adormecido.

Yo no me hago esperar. Lorca y sus hermanos.
Ginsberg y su *Aullido*. Saldremos de la cárcel.
España que se quite el pantalón.
Que muestre su virginidad.
Como Samuel saldremos a caminar por el bosque.
Otra vez iremos a la yagruma.
Alguien descansa en paz bajo la sombra.

Cultura neolítica

I

Sedienta hija del éxtasis,
los cigarrillos eléctricos
hablan, pero no levitan.
En tu iniciación
de lunas vírgenes y delicadas,
los cigarrillos eléctricos
bailan, pero no crean.
Mesoamérica
sigue buscando al nativo,
a la nativa
sigue uté, madre; buscando
el cultivo, el animal,
Chimbote, voluta,
Ollantaytambo,
Paracas, Wiraqucha,
chicha de manzana.

II

Los spots publicitarios
siguen pegados sobre el tronco
de árboles y sus raíces.
Los spots publicitarios
siguen siendo una especie
de felidae,
de América
o de poemas mudos.
Waman sobre Waman,
poeta sobre poeta halcón
que se cree la poesía,
pero no tiene un cielo astral,
un pumaruna.

III

¿Somos o no mensajero
de los APUS?
¿Somos o no carnaval
de la conciencia?
Se mueven estrellas
en la selva,
pero no alumbran
al Kay Pachá, al iniciado,
sus ojos tótem,
su boca dentro y debajo.

IV

América, recuérdame tú;
tiempos de América...
Del parto sanador,
al éxtasis de ser libre,
sedienta hija del éxtasis.
Cruz del Sur,
-¿Algo te importó?
Libre en el parto de la otra vida,
donde las telarañas
atrapan el cosquilleo
de los espíritus
Otro es el éxtasis.
Mas tu parto es la silueta del guerrero
apoyado en cumbres de capoeira.
¡Oh, palco sagrado
de las pinturas rupestres!
Todo éxtasis de libertad,
América, lo necesita.
Toda del firmamento.
Todo de la iluminación.
¡Patcha mama, Patcha!

V

Azules masas de pan
al ver las ubres infestadas
de tu tierra.
De tu país doloroso.
Ubres donde danzan
los alcahuetes, aquellos vicios
preñados de ingenios
monstruosos.
Colonizados por el horror.
Como los cuervos negros
o las voces de un cordero
¿Cuál será o no será
la mitad de tu ficción?
Ahora no puedes
pensar en la cultura neolítica
ni de tus propios costados
ni en la isla más ebria,
llena de piedras y cantinas.
Sólo recordarás
a los pueblos en sus palcos,
una mitad del sol.

LA PIEDAD

Los piadosos habitan
el templo de la piedad.
La altura del Himalaya,
sólo para los cuervos...
nunca perdonarán
el pecado sexual
de las aves eternas.
El mundo será recorrido
desde variadas temperaturas.
Los extranjeros,
vacíos como un inmenso
conquistador
y el silencio,
no guardarán su aura.
Seremos violados
como mujeres de guerra.
Los niños y niñas
objetos del Tao.
Aceite de cascabeles,
ungidas cabezas.
Arpa o salterio,
de las inútiles razas.
Clavicordio o acordeón.
Chicas desaparecidas
después de Absalón.

Tenga piedad de su uña,
de sus pies
llenos de canas, Absalón;
pajarillos caen,
y Dios no los ignora.
De vueltas al caracol,
tabernáculo pequeño.
Azules mentiras desgarradoras.
Los piadosos habitan
el templo de la piedad.
En tiempo de reyes,
reinados desaparecidos.
Nieblas.
Melquisedec, tú, Melquisedec,
háblame de la piedad.
En tiempo de nodrizas,
ni servidumbre.
Los piadosos
          habitan
cada golpe de martillo
Sólo hay nueces en los bares.
Sólo ellos...
Salomón y David, piadosos
ojos de Dios....

TARDANZA

Oh, gigantescas tortugas
carpinteras.
Oh, gigantescas tortugas
mineras.
Están abriendo puchas
las flores sagradas
alrededor de ustedes,
abriendo su cascabel.
Yo veo con estos ojos
un mañana
que no repugna a la tierra,
la grata tierra de Jericó,
Caffernaún,
Belén.
Yo veo con estos ojos
un jarrón grande,
uno pequeño,
el ánfora maravillosa
de la mujer sin ojos,
de la ciega de Samaria.
Florecilla del Cairo.
¡Mucha tierra!
¡mucha tierra!
¡mucha tierra!
¡delante de tus ojos!

Benditas sean, mujer;
mujer y tortuga.
Bendito seas Cristhi.
Hay un Cristhi redentor
abriendo las puchas
en el alba,
en el albor,
la florecilla del Cairo.
Hay un Cristhi redentor
a cargo de las fiestas redentoras patronales.
Son procesiones verdes,
son los colores que gimen
como la misma esperanza
de santos y de santas.
Oh Cristi....
Oh tierra...
Tan verdes como
un hombre sin miedo,
como un niño nacido
lejos de la vergüenza.

ORACIÓN Y DIBUJO DE JUAN

A Elsa Tortonda,
y sólo a Elsa Tortonda,
cantando el PADRE NUESTRO
en su estilo flamenco,
con sangre flamenca,
con voz flamenca.
Padre nuestro
danos hoy.
¡Paz en la paz!

JESÚS

Y Jesús puso paz
sobre las aguas
donde nadaban las mulas
al otro lado del río.
Crueles pajarillos
de la natura divina.

Muchos, después
del secuestro,
sobreviven
en galaxias.
Austeras galaxias.
No tan libres de opio.

Y Jesús puso paz
de gato en gato.
De perro en Perro.
Entre mendigos
acostumbrados a la tortura.

A los mercados de Tel Aviv
que Hollywood secuestra.

Y Jesús puso paz.
Y ungió las visas de los paganos

hombres dormidos,
caminantes dormidos.

Venecia.
Franja de Gaza.
Macedonia.

Mas ellos no despertaron
mas que al dios
observado
desde un gran telescopio.
El dios de los celos.
Un hijo de Ra...

Dando vueltas
al enigma, los bambúes
perecen, dando
vueltas al enigma
los huelguistas
perecieron.

Sólo una calle para los santos.
Sólo un poco de arroz
derramado
sobre el fuego.

Barrio chino del aire...
Y Jesús puso paz.

LAMENTO DE SOR INÉS

¡Cielo, bajaquetebaja!
¡Cielo bajaquetebaja!
Estrellas del camposanto,
cruz de barra de mi campo de cervezas.

¡Cielo, bajaquetebaja!
¡Cielo bajaquetebaja!
Rosario de mamasitas,
y de las flores tempraneras.
Quizás espectros.
Quizás Luz.

Mucha luz para tu alma, Cristo.
Eres Cristhi y más.
Eres hermano nuestro.
Nuestro hermano.

¿No es verdad,
mamacita,
madrecita,
defunción del santo que levitaba
soñoliento
en mi campo de cervezas?
¿Y el agrio de los placeres
y poderes del otoño?

Pero tú, hija de Calcuta,
hija igual,
madre,
mamacita.
De montaña en montaña de Buda
sobre el alba.

Vestida como los libros antiguos
bajo una manta de lana
sin bostezar,
sin dormir en las noches cautelosa,
delante de tus milagros.

Dime, Sor.
Si lo tuyo era mirar el tiempo
en que nos miramos
como cazuelas,
el tiempo en que desechamos
simples objetos
y los concilios
y las vigilias
y los altares.
Muy agotados como racimos.
Muy agotados como adornos.
Pero todos así.
De época en época.

Hijos de Calcuta
murmurando los poderes del otoño.
De montaña en montañas de Buda
sobre el alba.
¡Cielo, bajaquetebaja!
¡Cielo bajaquetebaja!

MUJER MAPUCHE EN INFINITA PAZ

Toda tu sangre mapuche,
es toda mi sangre mapuche.
Las concibo como orgasmo
de un espíritu sereno.
¡Sólo de eso debes vivir,
murciélago piadoso
que bailas contagiado
como un héroe
de costumbres invisibles!
¡Sólo de eso debes vivir!
El mundo no perfuma la vejez
de nuestros perros,
ni las gallinas agradecen
su propia existencia.
¡No se quiere vivir más!
¡Sólo de eso debes vivir!
¡Sólo de eso debes nacer!
Rinconcito del alma
entre viejos manicomios.
- ¿Por qué confundes a Dios?
Novia en estrés, novia tonta,
bruja llenita de incienso del malo,
a ti te sirve cualquier paloma purificada.
Pura eres, abuela que me amas a mí
tal como soy,

tus manos han sido dos manos maravillosas.
¡Sólo de eso debes ensordecer
 tu ritmo!
Todas tus voces llamo,
llamo a todas tus voces,
los gemidos agradecen las enormes
madrugadas en Ñielol.
¡Sólo de eso debes ensordecerte!
Toda tu sangre mapuche
es toda mi sangre mapuche.

El mundo de los pecados...
(llamando a las almas)

En mis pecados y en mí,
busqué la simpleza,
algo así como:
dad al César lo
que es del Cesar,
y a Dios lo que es de Dios,
algo lindo ACHALAY.
¡Admiración y contento!
¡Armonía y paz!
¡Bondad y no odio!
En mis pecados no busco
una bella humanidad,
sino una humanidad.
Busco también el botiquín
de mi infancia,
la jícara de los abuelos
Tristán e Isolda,
los *Besos* de Shakespeare,
y el olor a comino.
Busco pecados en la fuente
de los perros.
Y en el perro lobo
mi alma permanecerá tranquila,
como también

las uñas perfectas
de mamá.
¡Ay, mamá Rusa, cuánto amo
mis pecados,
busco la respiración de
América!
¡Ay, mamá Rusa, cuánto amo
mis pecados,
en ellos busco el alma de Occidente.
¡Y así te miraré, lindo poeta,
madre, poeta de las abuelas
babuchas! ¡ACHALAY!
Y pondré mis manos en tu cuello
para que quedes en él.

EL REMANSO

Mis país de gallinas ponedoras,
viandas y ajos pelados.
Yo, una pobre mujer
en busca del remanso de su vientre.
Las águilas persiguen el mundo,
me persiguen;
y sudo en las almohadas de mis amigos los gatos.
Me recuesto en cualquier sitio
con la sencillez de un animal.
Con la sencillez de las comadres fornicarias
que dan a luz
cuando descansan las paridas.
En mis país de gallinas ponedoras
los gallos quedan lejos
y abuela entra en su casa de hoyos
a cavar el augurio de su arroz.
El arroz de la inocencia en un país
con hambre de leones
comiéndose la paz que nutre a un huevo.
Aquí están las ranas
con semillas que arden en su vientre,
mientras mi país se hunde.
Mi vientre a medias.
Mi país a medias se hunde.
Mi vientre lleno de aguas inconformes

puede ser sencillo
y humilde como el arroz.
Pero en mis venas
hay flechas que orinan bajo el agua.
La lluvia tiene sus días y sus líquidos.
Yo sólo busco mi remanso.
Pero mi país no cacarea y duerme.
Sueña pueblos en su costado;
las provincianas mujeres y hombres
no deben hacer nada con tal de envilecer.
Yo sé que mi país pudo ser el niño de mi vientre.
El niño con hambre de mariposas y ríos caudalosos.
Pero lo cierto es que lavo contra el piso,
lavo ropa sucia.
Y como los bueyes piso el charco más hondo.
No hay paz en el remanso de la historia.

Semejantes

A Pepe Mujica

Soy el exmandatario,
puse mi vida frente a los ojos de un ciego,
nací antes de perder las cosas,
y cuando las tuve,
regresé a la muerte.
Yo sepulté mis huesos
comiendo y bebiendo
el mismo pan de familia.
Le robé a la Dictadura su pan
cuando mi oído era sublime.
Entonces,
entre la vida y la muerte,
gemí de cansancio entre los muertos.
Caí sobre el liviano peso
de la cebada.

CHICA DE ARMENIA

I

No soy la chica de Armenia,
nací para los que piensan
en el regreso
y en el no retorno.
Lo que importa es el sostén
de seda, seda,
tirado en la esquina
por el rincón, rincón.
Ahora me voy de España.
Quisiera ser la gran chica
de Calabria.
Pero no soy de Calabria
y viene Lorca gitano,
y se va Lorca moreno.
Dejo que pasen
las culebras moribundas
por mis sostenes egipcios,
sobre una brazada,
caliente de zigzags.

II

Llevo faldas
de chica pandemónium
que sacan del exilio
y la rodean de caballos
exiliados.
¡Caballos!
¡Caballos trotan en mí!
¿Dónde guardarán
sus pies las arañas
del sol?
¿Puede pararse usted
sin ayuda de nadie?
¡Niña Pandemónium!
¡Chica Imothep!
¡Barranca sin fin!
¡Barranca sin Dios!

III

¡Giran giran giran
los coyotes!
Nací en Armenia,
en Armenia,
morning and night.
Trabajo cada mes
por la espuma que derrama
la vergüenza.
El país no es un país,
las chiquillas del mundo,
mañana, mañana
recaudarán fondos,
ensuciarán ropas.
Y tú dirás:
nací, nací...
morí, morí...
en Armenia, en Armenia.
donde recaudan fondos.

VI

El país no es un país.
Las Ushutas del Perú.
Lástima, cuán lejos.
¡Chanclas para el día
de los reyes!
¡Chanclas para el día
de los santos!
En Armenia, en Armenia,
no serás, no serás,
una chica tan lista
sino sabes cargar
los grandes costales
y hacer maldeojos.
Y colgarán tus pies.
Y colgarán tu cabeza.
En Armenia, en Armenia.

V

Alfalfa, tierra,
duna, nopal, weekend,
carbón, arboleda, neblina.
¡Niña Imotehp!
¡Niña Pandemónium!
Yo soy la chica de Armenia,
parpadeo de contínuo
en la mole de cazuelas.
Compro terrenos
de maíz para tortilla.
Alfalfa, tierra,
duna, nopal, weekend,
carbón, arboleda, neblina.
¡Niña Imothep!
¡Niña Pandemónium!

VI

No te lleves
tus magníficas caderas
color medioevo.
Nunca te las lleves
al exilio.
Nunca te las lleves
al dolor.
Nunca te las lleves
al olvido.
El día menos pensado
habrá escobas,
pero ya, no quedarán
cenizas.
Ni pueblos cercanos.
Ni pueblos indígenas.
Ni pueblos
a donde vayan zorros.

VII

Porque es ahora el granizo
en Armenia,
los terremotos en Armenia.
Las vacas ordeñadas
para llegar a mayo
sin quebradas.
De seguro sólo (o 'sola'?) morirá
aquella sacerdotisa.
Aquella mujer prudente
que huyó y no huyó.
¡Sólo Armenia!
¡Sólo Armenia!
Para chupar tu corazón.
Tú corazón de burro.

Licenciada en Comunicación Social. Poeta y editora. Tiene publicado el libro de poesía: *Luz, deleite cometido*, por la editorial Sed de Belleza en 2015. En espera de publicación están los poemarios: *Noche de Páramos*, Santiago de Chile, por la editora de Cultura viva comunitaria, y *Denarios*, en México. Obtuvo la Beca Nacional de creación Literaria Sigifredo Álvarez Conesa 2011. Fue acreedora del premio a la excelencia literaria en el Campeonato mundial de poesía de Rumanía en 2022.

Obtuvo el premio colateral de creación creativa Taller de creación Libre, Escribanía Dollz y Cartas de amor 2023. Ha participado en ferias internacionales del libro de Cuba. Ha publicado en varias revistas de prestigio literario y en diversas antologías. Miembro fundador del taller La estrella en Germen, dirigido por el reconocido poeta Sergio García Zamora.

Contenido

CHICA DE ARMENIA

OXEDA | POESÍA

POESÍA |

WWW.OXEDA.COM.MX

***

Se cuenta que el rey poeta Nezahualcóyotl dijo:
«*Dejemos al menos flores, dejemos al menos cantos*»
Este libro se terminó de editar en agosto de 2023 en Ayapango-Amecameca